ALTERNATOR BOOKS™ EN ESPAÑOL

LA VERDADERA CIENCIA DEL VUELO HUMANO

Christina Hill

ediciones Lerner ◆ Mineápolis

ediciones Lerner
Una división de Lerner Publishing Group, Inc.
241 First Avenue North
Mineápolis, MN 55401, EE. UU.

Si desea averiguar acerca de niveles de lectura y para obtener más información, favor consultar este título en www.lernerbooks.com.

Fuente del texto del cuerpo principal: Aptifer Sans LT Pro.
Fuente proporcionada por Linotype AG.

Library of Congress Cataloging-in-Publication Data

Names: Hill, Christina, author.
Title: La verdadera ciencia del vuelo humano / Christina Hill.
Other titles: Real science of human flight. Spanish
Description: Minneápolis : ediciones Lerner, 2023. | Series: La verdadera ciencia de los superpoderes | Translation of: The real science of human flight. | Includes bibliographical references and index. | Audience: Ages 8–12 | Audience: Grades 4–6 | Summary: "Cape flapping in the wind, a superhero soars above a city. Explore the science behind human flight and what scientists are learning in their search to make it a reality. Now in Spanish!"—Provided by publisher.
Identifiers: LCCN 2022055332 (print) | LCCN 2022055333 (ebook) | ISBN 9781728491790 (library binding) | ISBN 9798765607688 (paperback) | ISBN 9781728494630 (epub)
Subjects: LCSH: Flight—Juvenile literature. | Personal propulsion units—Juvenile literature. | Superheroes—Juvenile literature. | BISAC: JUVENILE NONFICTION / Science & Nature / Anatomy & Physiology | JUVENILE NONFICTION / Paranormal & Supernatural
Classification: LCC TL547 .H53518 2023 (print) | LCC TL547 (ebook) | DDC 629.132/5—dc23/eng/20221116

Fabricado en los Estados Unidos de América
1-53118-51128-12/7/2022

CONTENIDO

INTRODUCCIÓN
ALZAR VUELO

Con el superpoder del vuelo, podrías ir a cualquier lugar del mundo.

¡P*iu!* ¡Un salto fuerte y levantas vuelo! El viento sopla debajo de ti y sientes que no tienes peso. Cuando bates los brazos, tu cuerpo asciende cada vez más en el cielo. Tu corazón golpetea mientras aceleras, entonces atraviesas la atmósfera del planeta.

Mantienes los brazos quietos y comienzas a planear. Miras hacia abajo las luces centellantes de los vecindarios. Las personas parecen hormigas que se mueven como un enjambre por la acera. Los héroes que vuelan en las historietas y las películas pueden salir disparados por el cielo más rápido que un avión a reacción. Desafortunadamente, los seres humanos no pueden volar por sus propios medios. Pero los inventores e innovadores están usando la ciencia para ayudar a los seres humanos a sentir este superpoder.

DATOS SOBRE LA SUPERVELOCIDAD

El avión a reacción más rápido del mundo es el Lockheed SR-71 Blackbird. Puede alcanzar velocidades de 2100 millas (3379 km) por hora.

CAPÍTULO 1

LA CIENCIA DEL VUELO

Los héroes de ficción con frecuencia levantan vuelo sin explicar la ciencia que hay detrás de sus poderes.

Muchos héroes de ficción que vuelan nacieron con superpoderes y llegan al cielo de diferentes maneras. Algunos despegan corriendo superrápido, girando los brazos como helicópteros o usando alas enormes parecidas a las de los pájaros para transportarse por el aire. Otros poderes le permiten al héroe flotar o deslizarse por las corrientes de aire, dejando que el viento haga todo el trabajo.

La verdadera ciencia detrás del poder del vuelo explica de qué manera los científicos e inventores ayudan a los seres humanos comunes a volar. Hay cuatro fuerzas importantes relacionadas con el vuelo: la gravedad, la sustentación, el empuje y la resistencia.

La gravedad es la fuerza que atrae a los objetos hacia la Tierra y mantiene tus pies plantados firmemente en el suelo. Cuando lanzas un balón al aire, la gravedad lo trae de nuevo hacia abajo. El peso de un objeto es la fuerza de la gravedad que actúa sobre ese objeto. Para poder volar, se necesita una fuerza que pueda superar la gravedad.

Todos los objetos que suben deben bajar.

La sustentación es la fuerza necesaria para luchar contra la gravedad y despegar los pies del suelo. La sustentación empuja los objetos hacia arriba. Si la fuerza de sustentación es mayor que el peso de la persona u objeto, ¡entonces puede llegar al cielo!

Las alas pueden crear fuerza de sustentación. La forma de un ala hace que el aire se mueva más rápido por encima de ella que por debajo. El aire en rápido movimiento y con presión menor fluye por la parte superior del ala. El aire con mayor presión debajo del ala eleva al ave o al avión en el aire.

Las aves usan las alas para crear la sustentación necesaria para vencer la gravedad.

Las alas de los aviones generan sustentación de la misma manera que las alas de las aves.

Una vez que el objeto en vuelo ha despegado, necesita empuje para avanzar. Todos los vuelos propulsados usan el empuje. Los motores de los aviones a reacción le dan empuje al avión. Las aves baten las alas para lograr empuje. Si un objeto no tiene empuje, está planeando, no volando.

DATOS SUPERRÁPIDOS

Solo se puede planear hasta que te quedas sin sustentación. Entonces, la gravedad te atrae nuevamente al suelo.

La resistencia es lo opuesto al empuje. El empuje mueve un objeto hacia adelante o hacia arriba. La resistencia lo tira hacia atrás o hacia abajo. ¿Alguna vez extendiste la mano a un lado mientras andabas en bicicleta? Puedes sentir la fuerza de resistencia contra la mano mientras te desplazas por el aire. Cuando un objeto que vuela está acelerando, su empuje es mayor que su resistencia. Pero la resistencia es mayor que el empuje cuando ese objeto está bajando la velocidad o aterrizando.

La resistencia es la oposición que presenta el aire cuando andas en bicicleta.

Los aviones a reacción F-16 están especialmente diseñados para que generen menor resistencia durante el vuelo.

En los libros de historietas o en las películas, algunos héroes vuelan con los brazos extendidos hacia adelante. Una forma aerodinámica crea menos resistencia, lo que les permite volar más rápido. Los aviones a reacción tienen el extremo frontal puntiagudo, el cuerpo cónico y el exterior liso. Las formas estilizadas le permiten al avión atravesar el aire con menor resistencia.

CAPÍTULO 2

FORMAS FASCINANTES DE VUELO

Los héroes de los libros de historietas tienen equipo especial que los ayuda a volar.

En las historietas, no todos los héroes nacieron con la capacidad natural de volar. Algunos tienen que improvisar con trajes especiales o alas. Con frecuencia, sus vestimentas hacen que se asemejen a animales que vuelan, ya que la mejor manera de aprender a levantar vuelo es estudiar a los animales que naturalmente vuelan o planean. ¡Los científicos también hacen esto!

DATOS SUPERRÁPIDOS

Un experimento científico mostró que las capas reducen la resistencia, lo que permite a los héroes volar más rápido. Pero las capas también ondean a su alrededor, lo que puede crear inestabilidad durante el vuelo.

Las abejas baten las alas tan rápido que crean el zumbido que oyes cuando vuelan.

Entonces, ¿qué criaturas pueden volar? Las aves y los insectos es la respuesta fácil. Pero es sorprendente que algunos otros animales puedan levantar vuelo también.

Los murciélagos son los únicos mamíferos con el poder de volar. Estos pilotos nocturnos pueden volar unas 50 millas (80,5 km) en una noche antes de volver a sus nidos para dormir durante el día.

Aunque no vuelen en sentido estricto, varios animales pueden planear. No tienen alas que les den empuje, pero pueden permanecer en el aire durante un trayecto corto. El pez volador puede saltar alto por encima del agua y planear unos 650 pies (198 m). Algunos gecos, lagartos y ardillas pueden planear de la cima de un árbol a otra.

Las alas de murciélago son manos palmeadas. Sus dedos son flexibles, lo que hace que puedan maniobrar mejor que las aves.

PODER ANIMAL SORPRENDENTE

Las serpientes no tienen alas, pero algunas pueden planear en el aire. Las serpientes voladoras del paraíso se lanzan de las ramas del árbol y aplanan el cuerpo para tener la mayor sustentación posible. Para mantener la estabilidad en el aire, hacen una especie de ondulación con el cuerpo, como una ola. Las serpientes voladoras pueden planear 70 pies (21 m) hasta el siguiente árbol, igual que un héroe puede planear entre los rascacielos de la ciudad.

Las serpientes voladoras del paraíso viven en los bosques de Asia.

CAPÍTULO 3

VUELOS DE LA VIDA REAL

El albatros errante tiene una envergadura de hasta 11 pies (3,3 m).

El cuerpo humano no está diseñado para volar. Nuestros brazos no tienen la forma ni el tamaño correctos para generar sustentación, y no tienen una superficie suficiente como para superar la resistencia. Los científicos han determinado que los seres humanos necesitarían una envergadura de más de 22 pies (6,7 m) para lograr el despegue.

Y aunque los seres humanos tuvieran esta longitud enorme desde la punta de los dedos de la mano hasta el otro extremo, no podrían despegarse del suelo. Los murciélagos tienen huesos livianos y delgados. Las aves tienen huesos huecos que son fuertes y están llenos de aire. Los insectos no tienen huesos. En comparación, los huesos de los seres humanos son densos, por lo que son demasiado pesados para volar. ¿Significa esto que solo las cosas pequeñas y livianas pueden volar? No exactamente. Los científicos creen que había algunos dinosaurios enormes que volaban. Pero tenían huesos huecos como las aves.

El peso no es el único problema. Las personas tampoco tienen la fuerza muscular para lograr el despegue. Aunque tuviéramos alas enormes, los músculos del pecho y la espalda no tendrían la fuerza suficiente como para batirlas.

Los pteranodones eran dinosaurios con huesos largos en los dedos que se extendían en sus alas y los ayudaban a volar.

El cuerpo humano no podrá nunca volar por sí solo. Pero el cerebro humano puede construir máquinas que ayuden al cuerpo a volar. Las primeras máquinas de vuelo no tenían motores como los aviones modernos. Estas máquinas usaban manivelas y hélices para crear empuje.

DATOS SUPERRÁPIDOS

Los ornitópteros son máquinas voladoras que vuelan solas o con un piloto. El movimiento de sus alas imita el de las alas de las aves.

Los hermanos Wright pasaron años probando y volviendo a probar sus teorías sobre el vuelo. En 1903, construyeron su primer avión propulsado. Tenía un motor que permitía el vuelo propulsado, controlado y sostenido. Esta fue la primera vez que una máquina voladora podía controlarse. Su avión podía moverse hacia la izquierda, la derecha, arriba y abajo. ¡Atrás habían quedado los días en los que solo se podía planear en línea recta hacia adelante!

Los hermanos Wright hicieron cuatro vuelos cortos en Kitty Hawk, Carolina del Norte, el 17 de diciembre de 1903.

Los hermanos Wright inspiraron otros métodos de vuelo humano que aún hoy se estudian. Las invenciones e innovaciones como los aviones, los helicópteros y las mochilas propulsoras nos lanzan al aire. Cuando piensas en un avión, probablemente imagines los aviones a reacción grandes que transportan cientos de pasajeros. Pero los aviones pequeños con dos asientos están más cerca de la experiencia del vuelo humano. Para aprender a volar, la mayoría de los pilotos usó la aeronave liviana Cessna 172 Skyhawk.

Los helicópteros no tienen alas fijas como los aviones. En su lugar, las aspas del rotor giran superrápido, lo que crea la sustentación necesaria para vencer la gravedad. Los aviones necesitan una pista larga para levantar velocidad. Pero los helicópteros pueden volar directo hacia arriba en el aire, ¡igual que un héroe de las historietas que salta para volar!

Los helicópteros pueden volar en espacios reducidos y no necesitan una pista para despegar ni aterrizar.

Las tablas voladoras les dan a las personas la sensación de volar por el aire sin estar dentro de un vehículo.

Las tablas voladoras (*flyboards*) les permiten a los usuarios saltar y planear en el aire a velocidades electrizantes gracias a poderosos chorros de agua que proporcionan empuje. En el pasado, las tablas voladoras tenían que estar conectadas a una embarcación. Pero la Flyboard Air, el último modelo, está propulsada por un motor de turbina a reacción. ¡No se necesita una lancha!

Los autos voladores suenan a idea futurista sacada de un programa de ciencia ficción. Pero en 2016, levantó vuelo el primer dron con pasajeros. Los drones vuelan como los helicópteros, pero sin un piloto a bordo. Es probable que los drones sean los autos voladores del futuro.

CAPÍTULO 4

EL FUTURO DEL VUELO

A muchas personas les entusiasma tener la experiencia de volar en el aire.

¿Cómo será el futuro del vuelo? Las personas están siempre buscando maneras de mejorar las invenciones antiguas o inventar maneras nuevas de volar.

Los amantes de las emociones fuertes deseaban saltar de los aviones en cuanto estos se inventaron. Los paracaídas les permitieron dar un salto y flotar con seguridad hacia la tierra. Los trajes con alas transforman el cuerpo humano en una forma de ala grande, lo que permite a los aventureros planear hasta el suelo. La presión del aire debajo del traje con alas genera sustentación. En lugar de caer directo hacia abajo, las personas con trajes con alas planean 3 pies (0,9 m) por cada 1 pie (0,3 m) que caen. Las competencias con trajes con alas les permiten a los deportistas demostrar sus habilidades para la acrobacia aérea volando, dando vueltas, rodando y haciendo rizos en el cielo.

Esta persona está planeando en el cielo con un traje con alas.

Algunos héroes de libros de historietas pueden volar más allá de la atmósfera de la Tierra hasta el espacio. El viaje en el espacio es algo en lo que también están trabajando los seres humanos. Se están diseñando cohetes de alta tecnología para transportar a las personas con una velocidad mucho mayor que los aviones. Mientras la tecnología del viaje en el espacio siga mejorando, es probable que las personas puedan algún día hacer viajes a Marte o más allá.

Las nuevas tecnologías ponen el viaje en el espacio a disposición de las personas que no tienen el entrenamiento de los astronautas.

Los astronautas sienten que están volando cuando están en el espacio exterior.

El viaje en el espacio puede ayudarles a los seres humanos a volar de otras maneras también. Algunos planetas de nuestro sistema solar tienen menos gravedad que la Tierra, lo que significa que allí los seres humanos serían más livianos o incluso que no tendrían peso. Piensa en cómo los astronautas pueden dar saltos voladores en nuestra luna. Si una persona pudiera descender en Titán, una de las lunas de Saturno, ¡podrían volar! Titán tiene menos gravedad que la Tierra y su atmósfera es más densa, por lo que podríamos saltar más lejos antes de ser atraídos de nuevo a la superficie.

Este grupo siente que no tiene peso durante un vuelo en avión con gravedad cero.

Volar en Titán puede estar muy lejos, pero podemos experimentar menos gravedad también aquí en la Tierra. Los aviones con gravedad cero vuelan en arcos parabólicos que les permiten a los pasajeros sentir como si no tuvieran peso. El avión se precipita repetidas veces hacia la Tierra y luego asciende con rapidez, como una montaña rusa. Durante la caída, los pasajeros experimentan la gravedad cero durante unos 30 segundos. ¡Pueden flotar dentro del avión!

¿Pero cómo se hace para saltar simplemente hacia arriba en el aire y volar de inmediato como un héroe? ¿Será posible alguna vez tener el superpoder del vuelo? Por ahora, una mochila propulsora puede ofrecer la experiencia más cercana.

El inventor Richard Browning creó un supertraje impulsado por seis motores a reacción.

AVANCE DE LA CIENCIA Y LA TECNOLOGÍA

Algunos héroes vuelan con mochilas propulsoras y botas cohete, y la tecnología de hoy en día les permite a las personas comunes copiarlos. En 2019, se creó un supertraje completo tan poderoso como los que usan los héroes de los libros de historietas. Los supertrajes voladores tienen motores a reacción en la espalda y en las manos con un empuje suficiente como para levantar vuelo. El usuario mueve los brazos en diferentes ángulos para controlar la dirección.

Los seres humanos siempre han estado fascinados por el vuelo. Aunque el vuelo humano autopropulsado no es posible, la tecnología les permite a los seres humanos elevarse a nuevas alturas. Los nuevos inventos están expandiendo los límites de lo que podemos hacer. Los científicos saben que el cuerpo humano no está diseñado para el vuelo, pero la mente humana es capaz de inventar herramientas y máquinas nuevas que nos ayuden a deslizarnos entre las nubes. ¡Arriba y lejos!

Los científicos están usando la tecnología para inventar formas nuevas de levantar vuelo.

¡EL SUPERHÉROE ERES TÚ!

¡Haz tu propio avión de papel y a volar! Toma un trozo de papel y sigue las siguientes instrucciones. Los bordes definidos harán que tu avión vuele mejor.

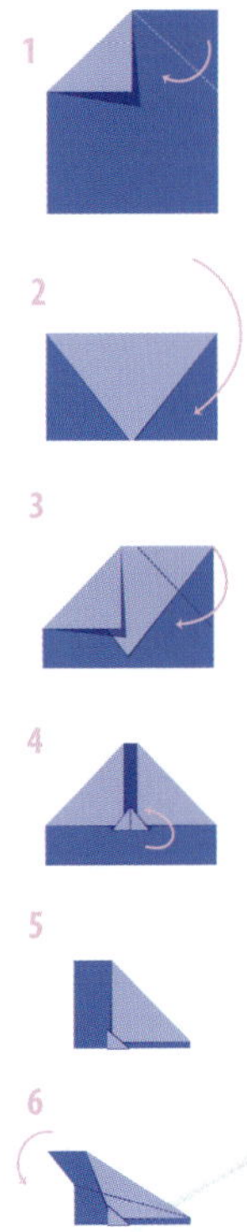

1. Pliega el papel en dos. Desdóblalo. Luego pliega las dos esquinas superiores hacia el centro del papel.
2. Pliega la parte superior del papel hacia abajo hasta que la punta toque el borde inferior.
3. Pliega las esquinas superiores hacia el centro del papel. Haz el pliegue un poco antes de la línea central. La parte superior del triángulo que formaste debe ser plana, no en punta.
4. Da vuelta el borde en punta del triángulo inferior hacia arriba, por encima de las solapas que acabas de hacer.
5. Da vuelta el papel. Luego pliega el papel por la mitad para formar un triángulo.
6. Pliega el borde superior del triángulo hacia abajo para formar el ala del avión. Da vuelta el triángulo y repite para la otra ala.
7. ¡Haz volar el avión!

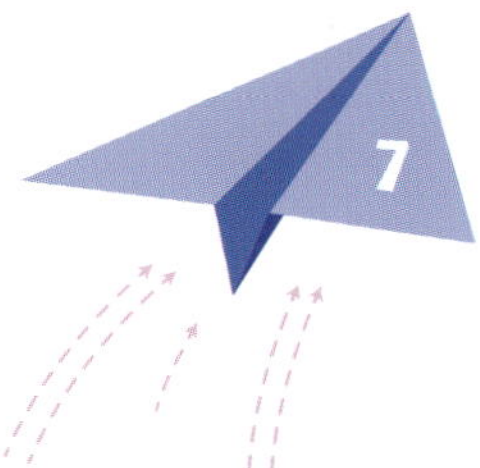

GLOSARIO

aerodinámico: una forma contorneada diseñada para reducir la resistencia

atmósfera: la masa total de aire que envuelve a la Tierra

empuje: una fuerza hacia adelante o hacia arriba

envergadura: el ancho completo de las alas de un ave, avión u otro objeto volador; la envergadura se mide de un extremo al otro

motor: una máquina con partes móviles que convierte la energía en movimiento

planear: descender gradualmente en un vuelo controlado

resistencia: algo que lentifica el movimiento

sustentación: una fuerza que se opone a la gravedad

MÁS INFORMACIÓN

Harris, Tim. *Triumphs of Human Flight: From Wingsuits to Parachutes.* Minneapolis: Hungry Tomato, 2019.

Hoena, Blake. *Flight*. Minneapolis: Bellwether Media, 2021.

How Technology Works: The Facts Visually Explained. New York: DK Publishing, 2019.

Huddleston, Emma. *How Birds Fly.* Minneapolis: Abdo Publishing, 2021.

If Superpowers Were Real: Flight
https://ed.ted.com/lessons/if-superpowers-were-real-flight-joy-lin

NASA: History of Flight
https://www.grc.nasa.gov/www/k-12/UEET/StudentSite/historyofflight.html

Science World: Flight
https://www.scienceworld.ca/resource/flight/

The Science of Superheroes: What Would Human Flight Be Like?
https://www.salon.com/2018/04/15/the-science-of-superheroes-what-would-human-flight-be-like/

ÍNDICE

Créditos por las fotografías

Créditos de las imágenes: Rawpixel.com/Shutterstock, p. 4; guvendemir/Getty Images, p. 5; Who is Danny/Shutterstock, p. 6; EyeEm/Martin Wikar/Getty Images, p. 7; Vicki Jauron, Babylon and Beyond Photography/Getty Images, p. 8; Issarawat Tattong/Getty Images, p. 9; Noel Hendrickson/Getty Images, p. 10; CT757fan/Getty Images, p. 11; Colin Anderson Productions pty ltd/Getty Images, p. 12; EyeEm /Fauzan Maududdin/Getty Images, p. 13; CreativeNature_nl/Getty Images, p. 14; C/Blickwinkle/Picture Alliance/Newscom, p. 15; Dr John A Horsfall/Getty Images, p. 16; Science Photo Library/Mark Garlick/Getty Images, p. 17; Dorling Kindersley /Getty Images, p. 18; John T. Daniels/Wikimedia, p. 19; Viaframe/Getty Images, p. 20; OkinawaPottery/Getty Images, p. 21; RichVintage/Getty Images, p. 22; Ascent Xmedia/Getty Images, p. 23; 3DSculptor/Getty Images, p. 24; Jonathan Knowles/Getty Images, p. 25; MAXPPP/Newscom, p. 26; WENN.com/Newscom, p. 27; Devrimb/Getty Images, p. 28; Anna Sizova/Shutterstock, p. 29; Anatolii Poliashenko/Getty Images, fondo; Salamatik/Getty Images, fondo

Portada: uniquelyindia/Getty Images